I0622896

ISBN 979-8-9857797-2-1

Publicado por Purple Sage Entertainment

Si bien los incidentes mencionados en este libro son reales, donde se mencionan personas, los nombres se han cambiado para asegurar la privacidad de las personas.

Impreso en los Estados Unidos de América en papel sin ácido.

will@purplesageentertainment.com

OYE…Quiere Compartir Su Fe?

O

Testificando Facilmente

Por

Will Dallas

Dedicacion

(Proverbios 11:30) "El fruto del justo es árbol de vida; y el que gana almas es sabio."

Esto está dedicado a mi esposa, el amor de mi vida y mi mayor apoyo, los pastores Billy y Dot Traughber, y todos los hombres y mujeres de Cristo que han sembrado desinteresadamente en mi vida a lo largo de los años.

Introduccion

En la primavera de 1982, trabajaba como pescador comercial, manejando un BHM de 31'9", el "Sea Wolf," equipado para la pesca con palangre de mero y blanquillo. Por lo general, cuando salí del muelle para una semana de pesca, el bote llevaba 4200 libras de hielo, 200 galones de combustible, 100 galones de agua no potable para ducharme, algunos comestibles y un marinero. Pescamos mero en 450 a 750 pies de agua a unas 70 millas de Murrells Inlet, Carolina del Sur. Recuerdo una noche después del anochecer, el océano estaba en calma como un cristal. La pesca fue excelente, y habíamos trabajado durante unas dieciséis horas limpiando todo el mero y guardando el equipo. Cerca de la costa de nosotros, a unas veinte millas, había un lugar donde todos los barcos comerciales más pequeños anclaban para pasar la noche debido a la relativa seguridad de muchas luces de ancla que brillaban y al hecho de que nuestras líneas de ancla podían llegar al fondo en 120 pies de agua, así que yo se dirigió a aprovechar una rara buena noche de sueño.

En el fondeadero había seis botes, todos los capitanes eran amigos míos. las radios parloteaban sobre la captura del día y la captura de mañana. A la mañana siguiente, al amanecer, dirigimos al Sea Wolf de regreso a la costa mientras todos los demás se dirigían hacia adentro. El pronóstico del tiempo de la NOAA era de quince a veinte

1

nudos de viento del noroeste y mares de cinco a ocho pies de altura, en alta mar. En dos horas tenía el equipo en el agua y había sacado el primer juego. De doce anzuelos en el fondo en 600 pies del agua, tenía diez meros en el rango de 60 a 80 libras.

Mi marinero, que estaba haciendo su primer viaje, notó que el océano estaba un poco más agitado de lo que le había dicho que buscara, por lo que me llamó la atención.

"Nada de qué preocuparse," respondí. "Si hubiera algún problema meteorológico, los tipos de la costa ya me habrían llamado."

Eché un breve vistazo al océano y noté que el mar estaba surcado por el viento, una señal segura de que estaba soportando más de veinte nudos.

El mero picaba tan bien que realmente no me importaba lo que estaba haciendo el océano y el BHM es uno de los barcos más estables de su clase en el agua. Retiramos varios juegos más, cuando noté que la antena estaba doblada sobre el mástil en un ángulo de casi noventa grados. Enumeré el pronóstico del tiempo en el canal meteorológico de la NOAA, todavía de quince a veinte horas del noroeste.

El océano estaba a más de tres metros y medio y cstaba empezando a ser un poco difícil trabajar cuando el radio crujió débilmente. "Sea Wolf, Sea Wolf, aquí Playmate, cambio".

Entré en la cabina para contestar la radio y hablar con mi amigo Randy en el "playmate" de palangre de pez espada, un barco de 44 pies construido por Marine Management. Randy había estado fuera durante unas dos semanas y se dirigía a casa. Me preocupé un poco por sus siguientes palabras. "¿Qué estás haciendo ahí? ¡El pronóstico es de setenta nudos de viento y nueve pies de mar!"

Había obtenido su información de un pronóstico no gubernamental y se dirigía. No hace falta decir que comenzamos a dirigirnos a casa. El problema fue que, cuando giré hacia Murrells Inlet, a setenta millas de distancia, el viento soplaba más de setenta millas por hora directamente en nuestras caras. Mi único pensamiento en ese momento era intentar ir más hacia la costa donde habría una pequeña posibilidad de que alguien encontrara el barco.

Durante las siguientes veinte horas, trabajamos para mantener al Sea Wolf en dirección general a Murrells Inlet, Carolina del Sur. y encima del agua. Varias veces estuvimos completamente sumergidos por olas de más de veinte pies y una vez, cuando llegamos a la cima de la ola más grande que he experimentado, encontramos un barco camaronero de setenta pies directamente debajo de nosotros, escondido en la depresión de la ola gigantesca.Todavía puedo ver el miedo en los rostros de esos hombres mientras nos deslizábamos bajo la popa de su bote y subíamos la siguiente ola. ¡Ese barco se hundió esa misma noche, pero los hombres fueron rescatados! A menudo he pensado en ese día extremadamente largo y aterrador. Si mi amigo, Randy, no me hubiera escuchado por casualidad en la radio y me hubiera dicho de la tormenta inminente que había sido mal pronosticada, probablemente no habría llegado a casa.

¡Ninguno de mis amigos del fondeadero costero, que se había enfrentado a la peor parte del viento al menos una hora antes que yo, había tratado de llamarme una advertencia! ¡Mi bote era muy probable que se hundiera con todas las manos y no intentaron advertirme!

Aproximadamente once años después de eso, en Murrells Inlet, Carolina del Sur, enfrenté otra tormenta. Ola tras ola de depresión y pérdida se apoderó de mí mientras mi familia se desintegraba. Creía que moriría por el estrés de estar separado de mi esposa e hijas. Los ruidos fuertes que me mantuvieron despierto toda la noche en el pequeno matres de mi oficina no eran las olas gigantes que golpeaban el casco de mi bote, sino el sonido de mi sangre corriendo en mi cabeza.

Todavía recuerdo la llamada que me salvó. Un amigo mío, Jim, me preguntó qué estaba pasando en mi familia. Cuando le compartí la situación desesperada en la que me encontraba, me mostró un pequeño testamento rojo de bolsillo y lo abrió en el Evangelio de Juan, capítulo 3, versículo 16: "Porque de tal manera amó Dios al mundo, que ha dado a su Hijo unigénito, para que todo aquel que en él cree, no se pierda, mas tenga vida eterna."

Pensé en ese pasaje durante dos días. El domingo por la mañana, escuché a Charles Stanley decir: "Si tienes la necesidad de Jesús en tu vida, apaga la televisión y pídele que entre en tu corazón y sea tu Señor y Salvador."

Sabes, muchas de las personas que conocí en los años previos a mi entrega de mi corazón a Jesús profesaban ser cristianos, pero solo uno de ellos me dijo cómo salvar mi vida. ¿Y tú? ¿Me habrías llamado una advertencia?

Espero que lo hagas. Recuerde cuál fue la advertencia de Dios a Ezequiel en el capítulo 33, versículo 6: "Pero si el atalaya ve venir la espada y no toca la trompeta, y el pueblo no es advertido, y viene la espada y se lleva a una persona, él es quitado en su iniquidad; mas yo demandaré su sangre de mano del centinela."

He compartido esta historia con muchas personas, tanto cristianos como no creyentes, con resultados muy similares. Casi todos los que lo han escuchado o leído se enojan por el hecho de que mis amigos no me advirtieron de la muerte inminente. Cuando un compañero expresó su opinión con enojo, le pregunté cuántos de sus vecinos cristianos lo llamaron esa mañana para advertirle sobre las consecuencias de no seguir a Cristo. Tristemente dijo: "Nadie". Le dije que eran el mismo tipo de personas, solo que un peligro diferente. Les imploro que no dejen pasar otro día sin advertir a otros de la tormenta que se avecina.

Aprender a compartir con confianza su fe en Cristo será el enfoque de este estudio. Aprenderá a construir su testimonio en torno a la palabra de Dios, desarrollar su propia presentación única y dar una invitación que es difícil de rechazar. Así que relájate y, lo más importante, diviértete. ¡Dios te ha dado este regalo para que lo disfrutes!

Will Dallas

Capítulo 1 (La Caja de Herramientas)

Cada trabajador tiene un conjunto de herramientas en su caja que son específicas para su oficio. No es diferente para aquellos que desean lograr presentar a Jesús a alguien que nunca ha oído hablar de él, y existen. La siguiente es una lista de herramientas que le ayudarán a empezar a ganar almas.

Dado que no siempre habrá una biblia a la mano cuando te encuentres con alguien que necesita escuchar acerca de Jesús, te recomiendo que aprendas de memoria los siguientes versículos. Verás por qué un poco más adelante.

1. **Juan 3:16:** "Porque de tal manera amó Dios al mundo que ha dado a su Hijo unigénito, para que todo aquel que en él cree no se pierda, mas tenga vida eterna".

2. **Romanos 3:23:** "por cuanto todos pecaron y están destituidos de la gloria de Dios"

3. **Romanos 6:23:** "Porque la paga del pecado es muerte, mas la dádiva de Dios es vida eterna en Cristo Jesús Señor nuestro"

4. **Romanos 5:8:** "Pero Dios demuestra su amor para con nosotros, en que siendo aún pecadores, Cristo murió por nosotros"

5. **Apocalipsis 3:20:** "He aquí, yo estoy a la puerta y llamo. Si alguno oye mi voz y abre la puerta, entraré a él, y cenaré con él, y él conmigo".

6. **Romanos 10:9-10:** "que si confesares con tu boca que Jesús es el Señor, y creyeres en tu corazón que Dios le

levantó de los muertos, serás salvo. Porque con el corazón se cree para justicia, y con la boca se confiesa para salvación."

Trabajar estas escrituras en su conversación se convertirá en una segunda naturaleza con un poco de práctica, y ayudará al principio tener las escrituras marcadas en su biblia para una referencia práctica.

La herramienta más importante es, por supuesto, la mano derecha. Esto puede (y debe) extenderse en forma de saludo cuando conoces a alguien con quien deseas hablar. Cuando extiendas tu mano, preséntate, "Hola, mi nombre es_____."

La mano también se usa para dar lo que me gusta llamar "rompehielos" al prospecto, y puede ser cualquier cosa, desde un tratado hasta una invitación a la iglesia o un boletín de la iglesia. Yo personalmente uso una ficha de póquer estándar con un lado que dice "¿Por qué jugar con tu vida eterna?" y en el otro lado dice Juan 3:16 en su totalidad.

¿Mencioné una gran sonrisa? Nadie va a querer hablar con un gruñón que tiene una disposición agria, así que pon tu mejor cara antes de acercarte a tu prospecto. También tenga una menta para el aliento a mano por si acaso...

Hablemos del enfoque por un minuto. Si va a ser un testigo efectivo del Evangelio, es imperativo que su enfoque principal, sin importar lo que suceda a su alrededor, sea crear el momento en el que tendrá la oportunidad de presentar su mensaje. Por lo tanto, sus prioridades deben cambiarse para que la búsqueda de una oportunidad para compartir se mueva a la parte superior de su lista de actividades, y todo lo demás, compras de comestibles, un viaje a un restaurante, comprar gasolina, salir a cenar, etc., se convierte en los medios para que esto suceda.

Bien, ahora tenemos nuestras herramientas a bordo, pero antes de que empieces a ejercitar ese don de la palabra, también necesita aprender que hay cuatro reglas que regirán nuestras conversaciones que conducen a la presentación del evangelio. Hablaremos de esto en el próximo capítulo.

Capítulo 2 (Reglas de Tránsito)

En este capítulo voy a discutir la importancia de seguir ciertas reglas sobre Testificación Conversacional que aumentarán sus posibilidades de hacer una presentación del Evangelio a su prospecto. Recuerda tu enfoque. Estás aquí para contarle a alguien acerca de Jesús. Para hacer eso, primero debe iniciar una conversación, y la forma más fácil de hacerlo es decir "Hola" y mostrar interés en lo que sea que esté involucrado el prospecto. Ahora, esto puede acompañarse con extender su mano en un gesto de saludo o, mejor aún, extienda la mano para ofrecer un "rompehielo", preferiblemente algo sobre el tema del que hablará, pero puede ser cualquier cosa que provoque una respuesta positiva. Una vez que se hace esa respuesta, ¡estás listo y corriendo!

En este punto, la conversación normalmente se centrará en alguna observación secular, es decir, su trabajo, el entorno, el clima... cualquier cosa servirá. Una antigua técnica de venta era utilizar el F.O.R.M. método, pregunte sobre la familia, la ocupación, la religión y el dinero (money). Practique con su familia y amigos hasta que pueda hablar sobre todo lo que esté a la vista. Aquí hay un par de ejemplos: "Vaya, eso ciertamente es un gran oso de peluche, señor Smith". o "¿Eres nuevo en esta área?" ¿Qué tal, "Ciertamente es un perro amigable, ¿alguna vez muerde?"

Me recuerdo que estaba dirigiendo un laboratorio experimental que requería aislar unas tuberías de aceite muy caliente. Los dos hombres que vinieron a hacer el trabajo aparecieron temprano antes de que pudiera enfriar el equipo. La temperatura del aceite en las tuberías superaba los seiscientos grados, al igual que el revestimiento exterior de las tuberías de transferencia. El mayor de los dos, lo llamaremos Jerry, maldecía cada vez que se quemaba. Mantuve la boca cerrada durante unas dos horas. Para entonces, las tuberías se habían enfriado considerablemente y Jerry había dejado de maldecir.

¡Mi oportunidad se había presentado! "Jerry", le dije, "Finalmente tenemos tu temperatura de funcionamiento."

Jerry me miró desde su posición en lo alto de una escalera y preguntó: "¿Qué quieres decir?"

"Quiero decir, que finalmente hemos encontrado una temperatura en la que no maldices," le respondí, "pero debes recordar que el infierno es mucho más caliente de lo que jamás será esa tubería, ¡y por mucho más de dos horas! "

Hablamos hasta que llegó el momento de partir, y les presenté a Jerry y su ayudante algunas verdades del Evangelio antes de que se fueran a casa. A la mañana siguiente, Jerry me confió que apenas había dormido debido a la información que le había compartido.

Recuerde que en este momento solo estamos tratando de encontrar lo que vamos a llamar un objeto de interés común y cómo se relaciona con su vida secular. En el caso de Jerry, fue el calor abrasador de su trabajo lo que abrió la puerta para una presentación del Evangelio.

Lo más importante que debe recordar aquí es dejar que el prospecto hable. Si tardan una hora en entrar en detalles sobre un gran osito, escuche con atención porque ahora se está ganando el derecho de hablar con ellos en lo que yo llamo "Compartir conversacional. Esta primera regla también se aplicará cuando la conversación se desplace hacia sus creencias religiosas.

Cuando mi esposa y yo solíamos enseñar esto en un ambiente de iglesia, alentábamos a todos a traer un objeto para usar como tema de conversación. Era evidente que la mayoría de estas personas estaban más interesadas en dejar perplejos al maestro que en aprender a testificar, pero nos divertimos un poco con eso. Puedo decir honestamente que nunca me he quedado perplejo, a pesar de que un pastor casi lo hizo posible. ¿Recuerdas nuestro ejemplo del oso? Sí, me acompañó y me señaló un oso grizzly imaginario en el salón de compartir y me dijo lo difícil que era acechar a ese oso antes de disparar con éxito.

Esto nos lleva al enfoque principal de nuestra conversación, que es hablar sobre el Mensaje del Evangelio. Vamos a mover la conversación del ámbito secular al ámbito espiritual usando la segunda regla, "El Puente Conversacional."

Ahora echemos un vistazo al oso de nuevo. Podría haber tenido muchas preguntas sobre ese oso imaginario, siendo un ávido cazador toda mi vida, pero mi enfoque estaba en crear un 'puente' entre la historia secular del oso y la historia espiritual del amor de Jesús por este persona, algo que el pastor no creía que fuera posible.

La oportunidad surgió cuando hice una simple pregunta: "¿Qué hubiera pasado si fallaste ese tiro?" El pastor respondió: "¡Supongo que estaría muerto!" La mayoría de las personas que estás presenciando reconocen la finalidad que la muerte trae a nuestra existencia en este mundo, por lo que una de las preguntas más fuertes que puedes hacer cuando surge ese tema es: "Si murieras hoy, ¿sabes dónde despertarías? ¿Arriba?" Tu prospecto podría responder de varias maneras. Algunos dirán que no saben, pero espero que suban. Algunos te dirán que son buenas personas y otros querrán cambiar de tema.

Esta es la "Regla de diversión conversacional" que se está empleando. El cliente potencial intentará cambiar de tema cuando se dé cuenta de que te estás preparando para revelar su pecado. Probablemente escuchará sobre predicadores que roban cortadoras de césped o esposas, borrachos en la iglesia y, en su mayoría, sobre todos los hipócritas en la iglesia. No dejes que esto te desanime, porque es una señal de que están prestando atención. Siempre responde con una verdad bíblica como: "Todos los hipócritas estarán en el infierno eventualmente, si no quieres estar cerca de ellos aquí, ciertamente no quieres pasar la eternidad con ellos." Puede modificar esto para adaptarse a las circunstancias.

La premisa de la "Regla de la Confrontación Conversacional" es esta: cada perspectiva perdida, de la que somos testigos, merece una confrontación con las pretensiones de Jesucristo. El objetivo de cada testimonio es confrontar al prospecto con las verdades de Jesucristo de tal manera que lleve al individuo a una decisión. En el análisis final, no es el adulterio, el asesinato o la mentira de uno por lo que todos merecen el infierno eterno. Juan 3:18 es muy claro: "El que cree en el Hijo, no es condenado; pero el que no cree, ya ha sido condenado, porque no ha creído en el nombre del Hijo unigénito."

Capítulo Tres, La Fase de Presentación

Ahora, es el momento de averiguar lo que creen. Haz una pregunta simple como "¿Qué crees que dice la Biblia al respecto?" Recuerde, no importa lo que diga, incluso si practican rituales extraños con sus mascotas, no discuta y no apresure su respuesta. Te estás ganando el derecho de compartir con ellos el evangelio. Cuando termine la perspectiva, simplemente dirá: "¿Puedo decirle lo que creo que dice la Biblia?" o "¿Le gustaría saber cómo puede estar seguro de que tendrá la vida eterna?" Esto puede variar de un testigo a otro. Desarrolla algo que encaje con tu personalidad y apégate a ellos. Debido a que se ha ganado el derecho a compartir siguiendo la regla del intercambio conversacional, lo más probable es que el cliente potencial le dé permiso para continuar.

En este punto de la conversación, hemos determinado la necesidad de salvación mediante el uso de preguntas calificativas. Una vez más, debemos tener mucho cuidado de que se nos dé permiso para proceder con la presentación del mensaje del Evangelio. Una vez que obtenga el visto bueno, esto es lo que dice la Biblia:

Cita Juan 3:16 El amor de Dios:
Comienzo la presentación con: "¡Sé con certeza que Dios te ama!" No se necesitará mucha conversación para convencer al prospecto de que él o ella está incluido en el mundo. La sustitución del nombre de la persona por el suyo ayuda a personalizar el sacrificio que Jesús hizo

también, es decir, "Porque de tal manera amó Dios a Jimmy y a Steve que dio a su Hijo unigénito…"

Cita Romanos 3:23 El pecado del hombre:
Dígales que la razón por la que no nos beneficiamos de este amor es que estamos separados de Dios por el pecado. Explique que debido a la caída de Adán en el jardín, todos nacemos con el pecado que requiere que se pague una pena.

Cite la primera mitad de Romanos 6:23 La pena del pecado:
Explique que la palabra perecer aquí no es la muerte física, sino la separación absoluta de Dios por la eternidad, incluido el concepto de tormento eterno en un lugar reservado para Satanás y sus ángeles, es decir, ¡el Infierno! Termine con las buenas noticias del regalo de Dios de la vida eterna a través de Jesús. Este también es un buen lugar para ilustrar el significado de un obsequio. Saque las llaves y diga: "Si te diera mi auto sin ataduras, el auto te pertenecería sin que saliera dinero de tu bolsillo. Ya lo he pagado. Pero si no elegiste recibir el regalo, el valor del regalo no disminuye; simplemente va a otra persona.

Cita Romanos 5:8 La muerte de Jesús:
El prospecto escucha en Juan 5:8 que Jesús murió por nosotros cuando aún éramos pecadores. Él se permitió

pagar nuestra deuda a pesar de que muchos no recibirían ese pago de la sangre derramada.

(Si ha llegado tan lejos en su presentación, significa que el prospecto está escuchando, y probablemente demostrará a través de un lenguaje corporal más suave que el Espíritu Santo está trabajando en ellos. Ahora es el momento de usar un cerrador que el prospecto generalmente no responderá negativamente).

Cita Apocalipsis 3:20 Puerta De La Fe:
Cuando le diga al prospecto que la puerta es la puerta de su corazón y tiene una perilla solo en el interior, dígale que Jesús no entrará a la fuerza en el corazón de una persona, sino que debe ser invitado. Ahora es el momento más crucial de toda su presentación. Si está testificando de hombre a hombre o de mujer a mujer, coloque su mano suavemente sobre el hombro del prospecto, baje la voz y haga la siguiente pregunta: "¿Puedes pensar en alguna razón por la que no deberías invitar a Jesús a tu corazón en este momento?"
Acaba de hacerle al cliente potencial una pregunta que requiere una respuesta positiva la mayor parte del tiempo. Cuando te dicen "No, no puedo", respondes rápida y positivamente: "Voy a orar contigo, repite después de mí."

Sin esperar, comienza a orar: "Querido Señor Jesús," si dudan, di: "Adelante, ora conmigo". Luego continúa: "Querido Señor Jesús, creo que eres el Hijo de Dios y que

Dios te resucitó de entre los muertos al tercer día. Lo siento por mis pecados, por favor perdóname. Entra en mi corazón y sálvame."

Pregúntele al prospecto si quiso decir lo que acaban de orar, y si la respuesta es positiva, **cite Romanos 10: 9 y 10:** "Si declaras con tu boca que Jesús es el Señor, y crees en tu corazón que Dios lo levantó de entre los muertos, serás salvo. Porque una persona cree con su corazón y es justificada, y una persona declara con su boca y es salva." Diles que ya son hijos de Dios, (**Juan 1:12:** Sin embargo, a todos los que le recibieron, a los que creen en su nombre, les dio potestad de ser hechos hijos de Dios), y como tales ahora son realeza, aptos para vestir las vestiduras regias de príncipes y princesas en el Reino de Dios.

El aliento es muy importante en este momento ya que este es un bebé nuevo en el Reino de Dios. Pídales que lean el Evangelio de Juan y pídales que se unan a usted en la iglesia o en compañerismo el próximo domingo. Si está fuera de casa, llame al pastor de una iglesia evangélica y pregúntele si puede hacer el seguimiento por usted.

Es muy importante que el nuevo cristiano reciba el bautismo en agua tan pronto como sea posible después de la salvación. Este es tanto un paso espiritual para el comienzo de su ministerio como una profesión externa de su fe. Hay varios pasajes de las Escrituras que enfatizan la importancia del bautismo en agua, (**Hechos 2:38: "Entonces Pedro les dijo: Arrepentíos, y bautícese cada uno de vosotros en el nombre de Jesucristo para** perdón de los pecados, y recibirán el don del Espíritu Santo.") (Romanos 6:4: "Porque fuimos sepultados juntamente con Él para muerte por el bautismo, a fin de que como Cristo resucitó de los muertos por la gloria del Padre, así también nosotros andemos en novedad de vida") (Col 2:12 "sepultados con Él en el bautismo, en el cual también fuisteis resucitados con Él por la fe en la acción de Dios, que le resucitó de entre los muertos"). Sea tan alentador como pueda sin ser agresivo.

Capítulo 4 (Al cierre)

Por supuesto, todos los pescadores y pescadores de hombres tienen días como todos los demás en los que nada se arece ir bien, el fondo está yermo, los peces simplemente no muerden el anzuelo y las bodegas están vacías al final de un largo y agotador correr. Pedro experimentó uno de estos en Juan 21:3, "Díceles Simón Pedro: Voy a pescar. Le dijeron: Nosotros también vamos contigo. Salieron y entraron inmediatamente en una nave; y esa noche no pescaron nada." Solo puedo imaginar cuán mental y físicamente cansados estaban después de una noche infructuosa de duro trabajo, cuando Jesús intervino (Juan 21:6), "Y les dijo: Echen la red a la derecha de la barca, y ustedes encontrará echaron, pues, y ahora no podían sacarlo por la multitud de peces." El evangelismo es así. A veces salimos y tratamos de hacer el trabajo de un evangelista sin pedirle a Dios que nos acompañe. Esos tiempos no son muy fructíferos. ¡Otras veces, Dios simplemente aparece y nos dice dónde tirar esa red!

Aquí hay un ejemplo personal. Hacen unos diez años regresaba a la casa después de pasar varias horas no muy fructíferas, pescando detrás de la playa en un pantano de marea. Tenía una gran red de pesca (¡literalmente!) sobre mi hombro y tuve que caminar aproximadamente un cuarto de milla a través de un área de playa muy poblada frente al complejo Beach Marriot Resort. Justo cuando me

Entre en la multitud, un tipo me llamó desde una de las sillas de playa para que subiera a donde él estaba.

Ahora tienes que imaginarte a este gordo viejo barbudo y bastante con pantalones cortos mojados y una camiseta vieja igualmente mojada que olía a agua de pantano, sombrero desgastado, lentes de sol realmente geniales (que encontré en la playa después de "Irene"), chancletas, una gran red sobre un hombro, una caña de pescar en una mano y un balde lleno de peces de cebo en la otra, de pie en medio de todos estos turistas de alto nivel que buscan el sol.

El tipo se presentó como "Lee" y procedió a decirme que era su primera vez en el océano, que se había caído brutalmente de un hierro y no tenía compensación. También estaba pasando por un divorcio y estaba en pánico acerca de lo que iba a hacer. ¡Todo esto en los primeros dos minutos para un extraño con una red de pesca!

Noté las cicatrices alrededor de su ojo, la pierna quemada que no se había curado por completo y la lata de cerveza en su mano. Entonces Dios me mostró las cicatrices en el espíritu de este hombre y me dijo: "Dile que lo amo". Durante los minutos siguientes, mientras estábamos solos en medio de varios cientos de personas (¡algunas de las cuales me miraban como si tuviera tres cabezas!), le hablé sobre el amor de Dios, el pecado del hombre, la recompensa del pecado y la puerta de la fe (¡Practica lo que predicas!), y dentro de los cinco minutos desde el momento en que Lee me llamó, oró para recibir a Jesús como su Señor y Salvador.

El Espíritu Santo me dijo dónde tirar esa red después de que había dejado de pescar por el día, y el diablo perdió una alma para el Reino de Dios, ¡Aleluya!

Y eso, mis amigos, es Testimonio Conversacional en pocas palabras. Los animo a desarrollar su propio estilo a medida que crece su confianza, y dejar que el Espíritu Santo los guíe durante la búsqueda de posibles prospectos. Sólo recuerda esta única cosa; ¡cada uno es un prospecto hasta que se demuestre lo contrario!

Que Dios bendiga ricamente a todos y cada uno de los que despiertan ese don de evangelización que habéis recibido por medio del Espíritu Santo.

Agradecimientos

Muchas personas han impactado mi vida de manera positiva desde el día en que Jesús me encontró en mi oficina el 29 de Marzo de 1993, ninguno de manera más dramática que el difunto pastor Steve Byrd cuando me presentó el curso de evangelismo de por vida en Garr Memorial Church en 1995. El pastor Steve y la iglesia se han ido, pero esas lecciones estarán conmigo hasta que yo también pase a la próxima vida.

El pastor Billy Traughber del Bethel Family Worship Center en Lafayette, Tennessee, asumió el papel de mi autoridad espiritual y querido amigo hace casi veinte años. Fueron sus enseñanzas y guía espiritual las que fortalecieron mi fe. Si alguna vez hubo una persona que demostró los verdaderos dones apostólicos, ¡es el pastor Billy!

Un agradecimiento especial a Joy Daly por su ayuda en la traducción de este texto

www.ingramcontent.com/pod-product-compliance
Lightning Source LLC
Chambersburg PA
CBHW020349130626
46549CB00003B/1363